www.ingramcontent.com/pod-product-compliance
Lightning Source LLC
Chambersburg PA
CBHW060643150426
42811CB00079B/2308/J
* 9 7 8 0 6 4 8 4 9 6 2 1 2 *

table of contents